Sobre los pájaros

Para Aquél que creó a los pájaros.
—*Génesis* 1:21

Published by
PEACHTREE PUBLISHERS
1700 Chattahoochee Avenue
Atlanta, Georgia 30318-2112
www.peachtree-online.com

First English edition published in 1991
First bilingual edition published in 2014
First Spanish edition published in trade paperback in 2019

Also available in an English-language and bilingual editions
English HC ISBN-13: 978-1-56145-688-8
English PB ISBN-13: 978-1-56145-699-4
Bilingual PB ISBN-13: 978-1-56145-783-0

The publisher thanks René Valdés for his guidance with the Spanish bird names.

Spanish translation: Cristina de la Torre
Spanish-language copy editor: Cecilia Molinari

Illustrations painted in watercolor on archival quality 100% rag watercolor paper
Text and titles set in Novarese from Adobe Systems

Manufactured in August 2018 by RR Donnelley & Sons in China

10 9 8 7 6 5 4 3 2 1 (Spanish paperback)

ISBN: 978-1-68263-071-6

Library of Congress Cataloging-in-Publication Data

Names: Sill, Cathryn P., 1953– author. | Sill, John, illustrator.
Title: Sobre los pájaros: Una guía para niños / Cathryn Sill ; ilustraciones de John Sill.
Other titles: About birds. Spanish
Description: First edition. | Atlanta : Peachtree Publishers, [2019] | Audience: Age 3-7. | Audience: K to Grade 3.
Identifiers: LCCN 2018010882 | ISBN 9781682630716
Subjects: LCSH: Birds—Juvenile literature.
Classification: LCC QL676.2 .S5318 2019 | DDC 598—dc23 LC record available at *https://lccn.loc.gov/*2018010882

Sobre los pájaros

Una guía para niños

Cathryn Sill
Ilustraciones de John Sill
Traducción de Cristina de la Torre

Los pájaros tienen plumas.

LÁMINA 1
cardenal rojo

John Sill

Las crías de los pájaros salen de huevos.

LÁMINA 2
mirlo primavera

John Gill

Algunos pájaros hacen sus nidos en la tierra.

LÁMINA 3
chipe suelero

John Gill

Algunos los hacen en lugares muy altos.

LÁMINA 4
águila cabeza blanca

Y otros no hacen nido alguno.

LÁMINA 5
arao común

Los pájaros tienen distintos modos de viajar.

LÁMINA 6
ganso canadiense

John Sill

La mayoría de los pájaros vuela,

LÁMINA 7
colibrí garganta rubí

John Gill

pero algunos nadan,

LÁMINA 8
pato arcoíris

y otros corren.

LÁMINA 9
correcamaminos norteño

Los pájaros pueden formar bandadas...

LÁMINA 10
tordo sargento

John Gill

o vivir solos.

LÁMINA 11
búho cornudo

Los pájaros usan el pico para recolectar alimentos.

LÁMINA 12
a. colibrí magnífico
b. picogrueso norteño
c. garza morena
d. ampelis chinito
e. mosquero cardenal

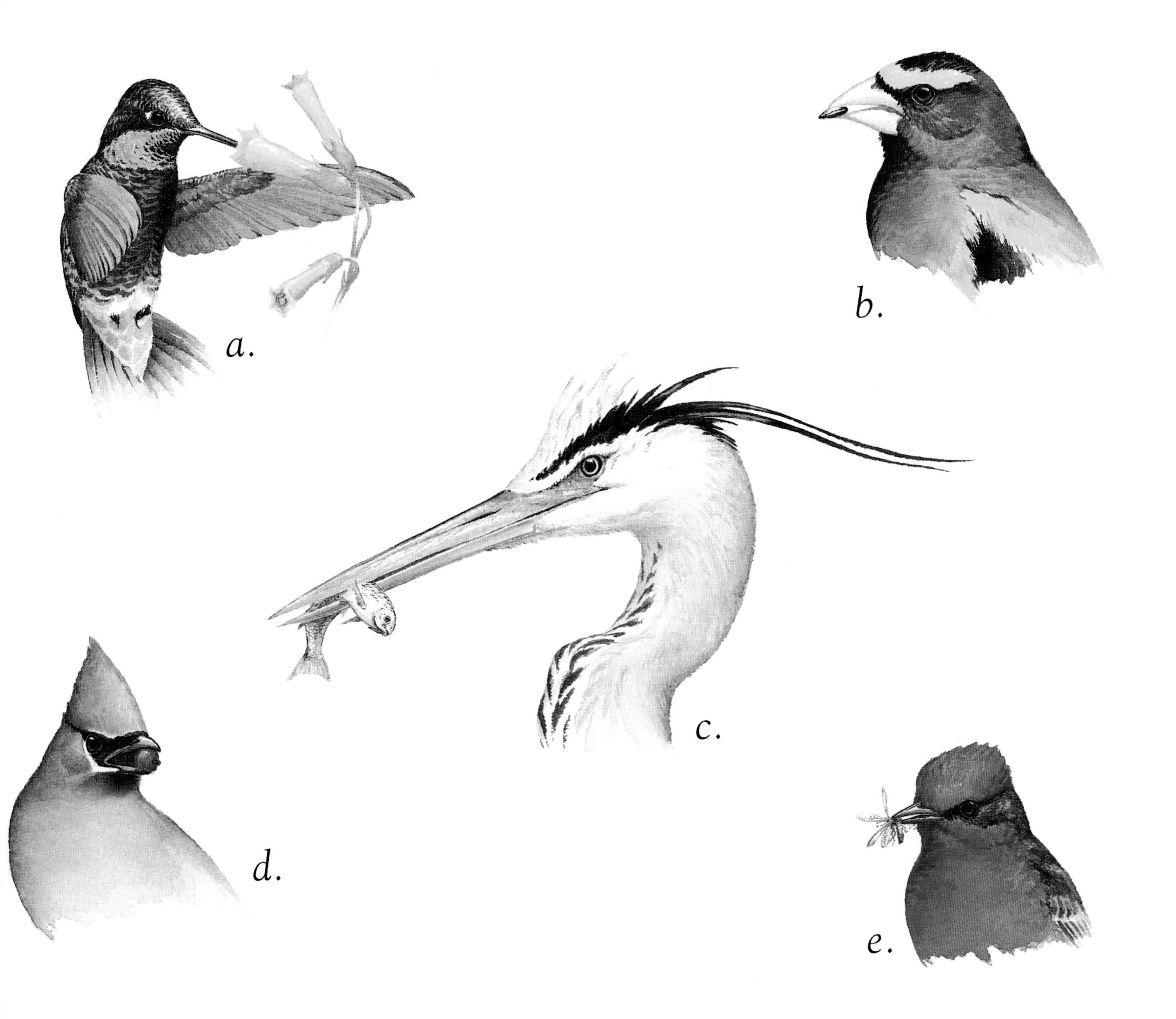
a.
b.
c.
d.
e.

Cantan para que otros pájaros sepan cómo se sienten.

LÁMINA 13
colorín azul

John Sill

Hay pájaros de todos los tamaños.

LÁMINA 14
búho cornudo, águila cabeza blanca, garza morena, cardenal rojo, colorín azul, colibrí garganta rubí, tordo sargento, pato arcoíris, ganso canadiense

John Gill

Los pájaros son importantes para nosotros.

LÁMINA 15
Pájaros comunes a los jardines del este de América del Norte

John Sill

Epílogo

LÁMINA 1

Hay más de 10.000 especies de pájaros en el mundo. Más de 700 de ellas habitan en Estados Unidos y Canadá. Las plumas protegen a los pájaros de los elementos y, al ser fuertes y ligeras, posibilitan el vuelo. Los cardenales rojos son populares en los jardines del este de Estados Unidos y también en el suroeste del país. Viven entre densas malezas que los cubren.

LÁMINA 2

Aunque todos los pájaros salen de huevos sus nidos varían. Las hembras de los mirlos primavera hacen nidos en forma de cono en los arbustos o en los árboles usando ramitas, hierba, plumas y cuerda. Luego refuerzan el nido con fango y lo forran con hierba más fina. Los mirlos primavera son comunes en toda América del Norte en diversos hábitats, incluyendo campos, bosques, matorrales, tundra y jardines.

LÁMINA 3

Los pájaros hacen los nidos para proteger a sus huevos y crías de los depredadores y del mal tiempo. Los nidos construidos en la tierra a menudo están escondidos o camuflados. Los nidos de los chipes sueleros tienen forma de cúpula y se parecen a los hornos antiguos. Estos pájaros habitan los bosques de Canadá y del este de Estados Unidos. En invierno migran hacia el sudeste de Estados Unidos, el Caribe, México, América Central y el norte de América del Sur.

LÁMINA 4

Muchos pájaros construyen sus nidos en lo alto, variando la altura de acuerdo con las necesidades de las distintas especies. Las águilas cabeza blanca generalmente anidan en las copas de los árboles desde donde tienen un amplio panorama. En sitios donde no hay árboles altos, anidan en acantilados o a veces hasta en la tierra. Las águilas cabeza blanca se encuentran a lo largo y ancho de casi toda América del Norte.

LÁMINA 5

Algunos pájaros raspan el suelo para hacer un sitio donde poner sus huevos. Los araos comunes ponen sus huevos en forma de pera en cornisas rocosas. La forma alargada de los huevos hace que rueden en círculos y de ese modo no se caen de la cornisa. Los araos comunes viven en los mares del norte alrededor del mundo y solamente vienen a las zonas costeras para tener sus crías.

LÁMINA 6

La mayoría de los pájaros vuela para trasladarse. El vuelo les permite encontrar alimentos, lugares para criar a sus polluelos y evitar depredadores. Los gansos canadienses son magníficos voladores, capaces de desplazarse cientos de millas en sus migraciones de otoño y primavera. Los gansos canadienses son oriundos de casi toda América del Norte y han sido introducidos en Inglaterra, el noroeste de Europa y Nueva Zelanda.

LÁMINA 7

Los colibríes pueden volar hacia delante, hacia atrás, hacia los lados y hasta patas arriba. Los colibríes garganta rubí son poderosos en el aire, capaces de batir las alas alrededor de 53 veces por segundo. Anidan en el este de América del Norte y migran hacia América Central durante el invierno. Muchos logran sobrevolar el Golfo de México de una sola vez.

LÁMINA 8

Algunos pájaros se sumergen en el agua en busca de alimentos y para escapar de sus depredadores. Otros se mantienen en la superficie casi todo el tiempo. Los patos arcoíris tienen patas palmeadas que les permiten nadar, aunque también son ágiles volando. Estos patos viven en pantanos boscosos y vías fluviales arboladas en partes de América del Norte y el oeste de Cuba.

LÁMINA 9

Los pájaros corredores pasan gran parte del tiempo a ras del suelo. Muchos de ellos también vuelan. Los correcaminos norteños alcanzan velocidades de hasta 18 millas por hora (29 km/h). Prefieren correr, pero alzan vuelo para escapar de depredadores. Viven en zonas del suroeste de Estados Unidos y México.

LÁMINA 10

Algunos pájaros se agrupan en bandadas en primavera y otoño para estar más protegidos. Las bandadas de tordos sargento a menudo cuentan con millares de ellos. En la época de apareamiento las bandadas se separan y cada pareja busca su propio territorio. Los tordos sargento habitan América del Norte y Central.

LÁMINA 11

Muchas aves de rapiña son solitarias excepto en temporada de apareamiento. Los búhos cornudos viven en diversos hábitats a lo largo y ancho de América del Norte así como en partes de América Central y del Sur.

LÁMINA 12

La forma de los picos de las aves la determinan los alimentos que consumen. Los pájaros también hacen uso del pico para limpiarse las plumas, hacer sus nidos y defenderse. Los colibríes magníficos viven en el suroeste de Estados Unidos y en América Central. Los picogruesos norteños viven en América del Norte. Las garzas morena y los ampelis chinito viven en América del Norte, América Central y zonas norteñas de América del Sur. Los mosqueros cardenales viven en el suroeste de Estados Unidos, América Central y América del Sur.

LÁMINA 13

Los pájaros usan su canto para atraer pareja, defender su territorio y advertir a otros de peligro. Los colorines azules son pequeños pájaros cantores que pasan el verano en partes del este y centro de América del Norte. En invierno migran a América Central y a las islas de las Antillas y las Bahamas.

LÁMINA 14

Tamaño de los pájaros en las illustraciones:

- búho cornudo: largo 20” (51 cm), envergadura 55” (140 cm)
- águila cabeza blanca: largo 32” (81 cm), envergadura 80” (203 cm)
- garza morena: largo 38” (96,5 cm), envergadura 70” (178 cm)
- cardenal rojo: largo 7,75” (19,5 cm)
- colorín azul: largo 4,5” (11,5 cm)
- colibrí garganta rubí: largo 3,75” (9,5 cm)
- tordo sargento: largo 7,25” (18,5 cm)
- pato arcoíris: largo 13,5” (34 cm), envergadura 28” (71 cm)
- ganso canadiense: largo 21,5–43” (109 cm), envergadura 48–71,5 (122–181,5 cm)

LÁMINA 15

Los pájaros benefician a los seres humanos de diversos modos: comen insectos dañinos, polinizan algunas flores, esparcen las semillas, controlan el número de roedores y proveen alimentos para las personas. Observar a los pájaros es un gran placer para gente de todo el mundo.

GLOSARIO

camuflaje: colores o diseños en los animales que ayudan a esconderlos.
depredador: un animal que sobrevive cazando y alimentándose de otros animales.
especie: grupos de animales o plantas que son similares en muchos aspectos.
migrar: cambiar periódicamente de una región a otra.

BIBLIOGRAFÍA

Libros

Bird (DK Eyewitness Books)
A Place For Birds de Melissa Stewart (Peachtree Publishers)
National Audubon Society First Field Guide: Birds de Scott Weidensaul (Scholastic, Inc.)
Peterson First Guides: Birds de Roger Tory Peterson (Houghton Mifflin Company)
The Young Birders Guide To Birds Of Eastern North America de Bill Thompson III (Houghton Mifflin Company)

Sitios web

www.allaboutbirds.org/guide/search
www.ibc.lynxeds.com
animaldiversity.ummz.umich.edu./site/accounts/information/Aves.html

About... Series

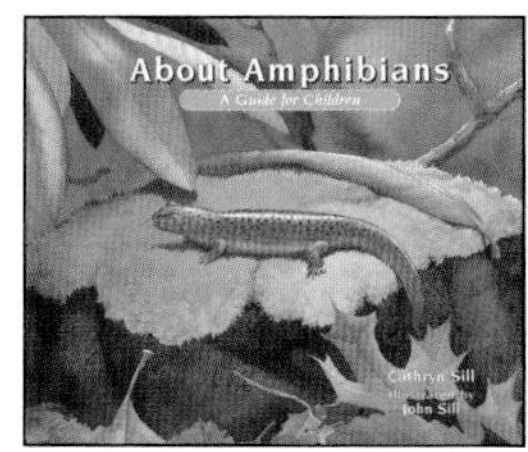

HC: 978-1-68263-031-0
PB: 978-1-68263-032-7

HC: 978-1-56145-038-1
PB: 978-1-56145-364-1

HC: 978-1-56145-688-8
PB: 978-1-56145-699-4

HC: 978-1-56145-301-6
PB: 978-1-56145-405-1

HC: 978-1-56145-987-2
PB: 978-1-56145-988-9

HC: 978-1-56145-588-1
PB: 978-1-56145-837-0

HC: 978-1-56145-881-3
PB: 978-1-56145-882-0

HC: 978-1-56145-757-1
PB: 978-1-56145-758-8

HC: 978-1-56145-906-3

HC: 978-1-56145-358-0
PB: 978-1-56145-407-5

PB: 978-1-56145-406-8

HC: 978-1-56145-795-3

HC: 978-1-56145-743-4
PB: 978-1-56145-741-0

HC: 978-1-56145-536-2
PB: 978-1-56145-811-0

HC: 978-1-56145-907-0
PB: 978-1-56145-908-7

HC: 978-1-56145-454-9
PB: 978-1-56145-914-8

HC: 978-1-68263-004-4

Also Available in Spanish and Bilingual Editions

• About Amphibians / Sobre los anfibios / 978-1-68263-033-4 PB • About Birds / Sobre los pájaros / 978-1-56145-783-0 PB • Sobre los pájaros / 978-1-68263-071-6 PB • About Fish / Sobre los peces / 978-1-56145-989-6 PB • About Insects / Sobre los insectos / 978-1-56145-883-7 PB • About Mammals / Sobre los mamíferos / 978-1-56145-800-4 PB • Sobre los mamíferos / 978-1-68263-072-3 PB • About Reptiles / Sobre los reptiles / 978-1-56145-909-4 PB

About Habitats series

HC: 978-1-56145-641-3
PB: 978-1-56145-636-9

HC: 978-1-56145-734-2

HC: 978-1-56145-559-1
PB: 978-1-68263-034-1

HC: 978-1-56145-469-3
PB: 978-1-56145-731-1

HC: 978-1-56145-618-5
PB: 978-1-56145-960-5

HC: 978-1-56145-832-5

HC: 978-1-56145-968-1

HC: 978-1-56145-432-7
PB: 978-1-56145-689-5

Los Sill

Cathryn Sill, graduada de Western Carolina University, fue maestra de escuela primaria durante treinta años.

John Sill es un pintor de vida silvestre que ha publicado ampliamente y merecido diversos galardones. Nacido en Carolina del Norte, es diplomado en biología de vida silvestre por North Carolina State University.

Los Sill, que han colaborado en vientiún libros para niños sobre la naturaleza, viven en Carolina del Norte.